Spontane Gedichte für den Frieden

Spontane Gedichte für den Frieden

Autorin: Monika Viehrig

Zusammenfassung
Da ich schon mehrere Jahre
Gedichte schreibe, möchte ich nun
ein Buch herausgeben. Ein Buch
ist ein gutes Nachschlagewerk und
ein schönes Geschenk. Gedichte
begleiten mich durch das ganze
Jahr und es fallen mir und anderen
Dichter/Dichterinnen stets
neue ein. Deswegen habe ich vor
Jahren schon eine Gruppe für
weitere Autoren/Autorinnen
gegründet. Da der unfassbare
Krieg und Corona in den letzten
Jahren hinzugekommen sind,
nenne ich dieses Buch: Spontane
Gedichte für den Frieden. Zur
besseren Übersicht sind die
nachfolgenden Gedichte
nummeriert.

Impressum
Bibliografische Information der
Deutschen Nationalbibliothek: Die
Deutsche Nationalbibliothek
verzeichnet diese Publikation in
der Deutschen
Nationalbibliografie; detaillierte
bibliografische Daten sind im
Internet über dnb.dnb.de abrufbar.

Herstellung und Verlag:
BoD – Books on Demand, Norderstedt

ISBN: 9783757845148

1 Lustige und friedliche Gedichte

Lustige Gedichte will ich schreiben,
die den Leuten im Gedächtnis bleiben.
Jedes Gedicht soll humorvoll auch sein.
Gedichte sind gut im Sprachenlatein.

2 Priscila

Meine Schwägerin wohnt in Brasilien.
Dort gibt es bestimmt auch Amphibien.
Sie hat mich leider nicht eingeladen.
Deswegen kann ich es nur schwer sagen.

In Brasilien ist es jetzt wohl sehr warm.
Ferne Länder haben eben mehr Charme.
Viele haben Freunde in der Distanz.
Freunde sind gut und bescheren mehr Glanz.

Sie wohnt bei der Familie dort im Haus.
Da geht es ihr gut, sie steht nicht in Staus.
Sie hat dort Geschwister und noch viel mehr.
Die Stadt heißt Macae und liegt am Meer.

3 Gemütliches Zusammensein

Das Leben möchte sich gut gestalten,
lasst einfach mal bequem Ruhe walten,
ab und zu mal auch einen Gang schalten.
Man will ja gern die Übersicht behalten.

Auf ein gemütliches Zusammensein
lasst uns hier freundlich und friedlich sein.
Wer stets gut gelaunt und gemütlich ist,
der/die kann gut lachen, wie Ihr wohl wisst.

4 Äpfel

Evas Apfel hat Adam angemacht,
wer hat sich das damals nur ausgedacht?
Äpfel sind als Frucht bunt, rund und gesund,
gute Inhaltsstoffe sind da der Grund.

Äpfel kann man verarbeiten als Brei,
viele Mineralstoffe sind auch dabei.
Apfelsaft und Apfelwein sind lecker,
sie sind auch oft auf Kuchen beim Bäcker.

Kinder essen gern Äpfel zur Pause,
es gibt sie auch als Bonbon Apfelbrause.
Vitamine sind auch darin enthalten,
wer schält mir jetzt ein paar Apfelspalten?

5 Faschingszeit

Fasching und Karneval sind eine schöne Zeit.
Man nimmt sich nicht Ernst und geht beim Spaß
auch mal weit.
Wer hat das Fest in den Februar 'reingelegt?
Weil man sich im Winter über Dinge aufregt?

Die Masken verdecken das Büttenredner-Gesicht.
Die Kostüme sind schön gewählt, oder etwa nicht?
Konfetti und Luftschlangen werden vorbereitet.
Die Kinder freuen sich, was das Auge weitet.

Im Grunde ist das ganze Jahr voller Freude.
Man fragt sich oft, was machen andere heute?
Verkleidungen trägt man überall sehr gerne.
Seid positiv Leute hier und in der Ferne.

6 Fasching oder Karneval

Beim Fasching trifft man viele Gesichter,
es wird gefeiert mit bunten Lichtern.
Corona hat Feiern jetzt geändert.
Nun wird mit Sprache munter gegendert.

Am Karneval grinst auch frech der Clown,
leider können nur wenige zuschau'n.
Deswegen gibt es auch manchmal Tränen,
Leben mit Corona ist zum Gähnen,

Wisst Ihr nicht mehr, wie man sich verkleidet?
Oder wie man sich mit Neuem einkleidet?
Viel Geld, Freundschaft, Wohlstand und
Partnerschaft,
wünscht man sich jetzt aufs Neue gönnerhaft.

Der Kölner Zug findet beim Fußball statt,
das schreibt heute das Kölner Tageblatt.
Da wird es Konfettiregen geben,
darum lasst uns jetzt auch besser leben.

7 Friedensdemo

Heute ist Friedens-Demo auf der Fieser-Brücke.
Leider habe ich momentan eine Zahnlücke.
Es gibt so viel, was zu bewältigen ist, jeden Tag.
Friedensverhandlungen sind sehr sinnvoll für den Alltag.

8 Die sprachliche Verwandtschaft

Die sprachliche Verwandtschaft ist Franzosen
wohl nicht klar,
sie sprechen Merci und Chérie oft wunderbar.
Zum Gepäck sagen sie einfach, das ist bagage.
Wir Hessen meinen die Verwandtschaft mit
Bagage.

Warum laden uns die Franzosen nicht mal ein?
Die Küche der Franzosen soll ja sehr gut sein.
Wenn es in der Sprache Verwandtschaft zu uns
gibt,
dann will ich sehen, dass die Freundschaft nicht
gleich kippt.

Die Franzosen sagen Trottoir zu Bürgersteig,
wenn früher im Ofen ist, gebacken der Teig,
sind wir auch schnell das Trottoir gegangen,
damit wir zu Hause den Kuchen erlangen.

Ladet uns einfach ein zu Sekt und guten Wein,
dann fahren wir ein Stück in euren Weinberg rein.
Hessen und Franzosen werden wieder feiern,
die Oma backt euch einen Kuchen aus Eiern.

Frankreich und Deutschland liegen nah
beieinander.
Wir bekommen alle gerne Tipps von Jil Sander.
Darum lasst uns auch in Zukunft so einig sein.
Au Revoir und auf Wiedersehen beim guten Wein.

10 Erdbeerkuchen

Heute backe ich einen Erdbeerkuchen,
denn Freundinnen wollen mich besuchen.
Zum Kaffee kann man sich gut verabreden,
das geht hier genauso gut wie in Schweden.

Erdbeeren sind jetzt überall zu haben,
seit vielen Wochen kann ich mich daran laben.
Gut, dass es einen globalen Handel gibt,
weil man Erdbeeren überall schätzt und liebt.

Im Winter lasse ich sie jedoch stehen,
denn da wird es noch mit Orangen gehen.
Ich freue mich allerdings auf Ende März,
denn Früchte aus Spanien ess' ich auch mit Herz.

Die kleinen roten Früchte ess' ich sehr gern,
dagegen kann ich mich leider kaum wehren.
Erdbeeren kann ich auch gern täglich essen,
ich bin ein Superfan aus Mittelhessen.

Jedes Jahr ist die Erdbeerzeit ein Hit.
Die roten Früchte machen Leute fit.
Die Erdbeeren leuchten im Garten rot.
Erdbeermarmelade isst man auf dem Brot.

Erdbeerbowle ist ein gutes Getränk.
Mit Sekt oder Wein ist es ein Geschenk.
Erdbeeren sind jedes Jahr sehr lecker.
Wer stellt nach Erdbeeren auch den Wecker?

Der gute Erdbeerkuchen ist Genuss
zusammen mit Raspeln aus Kokosnuss.
Mit Himbeeren und Johannisbeeren
sind die Früchte noch besser zu ehren.

11 Im Garten

Butterblumen blühen im Garten neben Giersch,
eine kleine Maus läuft auf der Pirsch.
Daneben stehen mit Stab Tomaten,
ob sie dieses Jahr wohl auch geraten?

Die Petunien sind noch klein und blühen,
der Klee und das Gras sind überaus grün.
Überall sind die Bienen am summen,
Schmetterlinge sind leis' im Kommen.

Jeder Kleingarten macht hier Arbeit,
es gibt viel unbezahlte Hausarbeit.
Jede Stunde in Muße dabei zählt,
wer ist dazu bereit, wenn das Geld fehlt?

Für den Garten kann man wenig schreiben,
auch die Ameisen werden hier bleiben.
Im Frühjahr ist alles neu am Sprießen,
Blumen und Unkraut sind noch zu gießen.

12 Kunst und Art

Kochen und Backen ist eine Kunst,
vieles brutzelt und brät in wunderbarem Dunst.
Trotzdem ist nicht jeder/jede alles gern,
in Restaurants schmeckt es gut und modern.

Zu Hause ist vieles zu besorgen,
man fragt sich, was esse ich denn morgen?
Wer Kinder und Männer hat auch am Tisch,
kocht oft abwechslungsreich auch mit Fisch.

Wer bezahlt die Arbeit der Hausfrauen?
Unbezahlt ist so vieles im Aufbauen.
Kochen und Backen ist eine Passion.
Manches Rezept ist eine Kreation.

13 Schmetterlinge

Schmetterlinge fliegen von Blume zu Blume,
da drüben sitzen mehrere auf der Kornblume.
Sie sind anmutig und schön, wenn sie losfliegen,
besser betrachten kann man sie, wenn sie daliegen.

Schmetterlinge suchen sich den guten Nektar.
Die Blumenwiese wird zum Buffet und auch zur
Bar.
Ob Sie sich wohl auch gegenseitig Tipps
zuflüstern,
Paare sind in der Luft manchmal nah und lüstern.

Schmetterlinge sind ein Symbol der Verliebtheit,
wenn sie wieder fliegen, gibt es draußen
Gelegenheit,
auch für Menschen sich neu zu treffen und zu
lieben.
Wo sind sie nur so lange im Winter geblieben?

14 Zitronenfalter

Ein Zitronenfalter fliegt durch die Luft,
man spürt jetzt auch hier neuen Frühlingsduft.
Sie sind schön gelb und schön anzusehen,
kinderleicht wie sie in der Luft drehen.

Wer ist es, der die Zitronen faltet,
und die Welt so bunt und schön gestaltet?
Zitronen sind sauer und schmecken gut,
Zitronenfalter sind wohl frohgemut.

15 Viele Schmetterlinge

Schmetterlinge gibt es in vielen Arten,
sie sind überall im Blumengarten.
Von vielen Blüten wollen sie kosten,
sie haben weniger Reisekosten.

Den Raupen ist kaum anzusehen,
wie Schmetterlinge dann mal aussehen.
Ihr Schmetterlings-leben ist leicht beschwingt,
ich will noch viele sehen unbedingt.

16 Hans Wahl, mein Vater

Im März hat Vater den zehnten Todestag.
Er liegt jetzt am Friedhof und hat Jahrestag.
Das Grab ist auch wieder neu zu bepflanzen.
So geht es weiter in allen Instanzen.

Während des Lebens hat er viel gearbeitet.
In der Werkstatt hat er viele angeleitet.
Abends ist er zur Politik gegangen.
Ein "Danke" hat er nur manchmal empfangen.

Er war stets da, auch an den Wochenenden.
Manchmal kamen auch die Abgeordneten.
Mutter war oft zu Hause und sah lächelnd zu.
Selbständige am Dorf haben wenig Ruh.

Die Eltern liegen im Grab jetzt zusammen.
So ist die Natur, von der sie abstammen.
Hans Wahl hat in Hemmen Autos repariert.
Er hat sich sehr viel in allem engagiert.

10 Jahre ist der Todestag nun her.
Er starb plötzlich, wollte erleben mehr.
Er war ein gutes Vorbild und ein Held.
Du bist und warst ein Meister auf der Welt.

17 Saharastaub

Auf den Fensterscheiben ist Saharastaub,
das ist jedes Jahr so, Sahara, ich glaub'.
Früher ist das einfach nur Dreck gewesen,
jetzt kehr' ich ihn auch im Garten mit dem Besen.

Saharastaub reist von Afrika zu uns,
das erklärt man jetzt Mädchen und kleinen Jungs.
Die Sahara ist jetzt öfter auf Reisen,
sie hat ja wenig Last mit den Spritpreisen.

Saharastaub ist ein Thema für Medien.
Manche Themen sind dabei Mysterien.
Verstehen kann man heute vieles nur kaum.
Gefühle gehen dabei manchmal zum Traum.

18 Sturm Xenia

In Deutschland bekommen Stürme Namen,
sie heißen Sabine und Carmen,
oder Xenia sowie auch Xanthippe
und zerschlagen manches Blumen-Dippe.

Säcke und Kisten fliegen durch die Luft,
das Wetter ist manchmal ein großer Schuft.
Die Wetterkarten sind schon erstaunlich,
nur Ämter sind da leider sehr kleinlich.

19 Schneeflocken

Schneeflocken tanzen draußen Walzer,
vielleicht auch Foxtrott oder Salsa.
Wo ist noch mal der Schneeschieber zur Stelle?
Der Winter ist ein grimmiger Geselle.

Wo ist der Klimawandel, wenn man ihn mal braucht,
sagt Nachbars Fritz und die schwarze Katze faucht?
Winter ist nur was für Leute mit viel Kraft,
sagt Oma Lotte und trinkt Orangensaft.

Wer Lust hat, kann nun Schlitten fahren,
Markus hat eine Mütze auf den Haaren.
Die Schneeflocken tanzen weiter rauf und runter,
ich hol' jetzt den Schneeschieber, sagt der Gunther.

Für den Winter braucht man sehr viel Energie,
die Heizung läuft leider nicht von der Magie.
Sachen gehen kaputt und kosten viel Geld,
wer hat den Winter mit der Kälte bestellt?

Wo ist der Partner, den ich schon angerufen?
Wie ist sein Schweigen wieder einzustufen?
Im Winter ist es leicht zusammenhalten,
weil nur die Gefühle nicht so erkalten.

Wer schlau ist, legt sich zusammen jetzt ins Bett,
zusammen hat man es schöner und auch mal nett.
Zusammen gibt es Ärger und auch mal Streit,
Versöhnung ist auch gut, man liebt weit und breit.

Paaren geht es im Leben eben besser,
sagen Vegetarier und Fleischesser.
Ein Haushalt zusammen macht doch viel mehr
Sinn,
mit guter Laune hat man auch Zugewinn.

Singles gibt es heute auch sehr viele hier.
Die Ehe steht bei manchen nur auf Papier.
Kinder möchten Mama und Papa haben.
In der Erziehung gibt es viele Fragen.

Jeden Tag Streit ist auch nicht gut für Kinder.
Omas und Opas wollen Enkelkinder.
Kinder sind eine Freude und ein Segen.
Mit ihnen beginnt man ein neues Leben.

20 Calling Elvis

Hallo, Elvis, wie hast du das damals gemacht,
wie hast du die Massen zum Toben oft gebracht?
Nimm dir eine Gitarre und schlage sie an,
Bassrhythmus und Rock 'n' Roll sind Legende
dann.

So viele sind begeistert gewesen von dir,
vielen klingen die Melodien noch nach hier.
Bist du wirklich gestorben oder lebst du noch?
Wir sind leider alle sterblich, du rockst jedoch.

Viele wollen dich leben sehen und sinnen,
wie hast du so viele Fans bekommen innen?
Innen und außen wird heute oft gegendert,
die Welt hat sich dabei sehr massiv geändert.

Heute gibt es viele gute Sänger/-innen.
Sie covern deine Lieder und können singen.
Du lebst in vielen Rockstars heute weiter.
Gute Künstler fangen an, dann geht es weiter.

Mit Fever will niemand in dem Ghetto landen.
Dir hat der Anzug als King sehr gut gestanden.
Du singst mit Tochter Lisa in Memphis Duett.
Du warst mit vielen schön zu sehen am Parkett.

21 Handtaschen

In Handtaschen passt vieles rein,
mag es noch so groß oder klein sein.
Geldbeutel, Schlüssel, Verpflegung,
was wohl drin ist, ist Auslegung.

Sie sind bunt und geheimnisvoll,
der Inhalt ist überraschend toll.
Handtaschen sind gut im Alltag,
das zeigt oft der Arbeitsalltag.

Mit Kindern ist vieles dabei,
wenn nicht, gibt es auch mal Geschrei.
Ein Pflaster kann man drin haben
oder Spielzeug und Zugaben.

Ein Getränk kann man mitnehmen,
und den Durst damit bezähmen.
Am Flughafen werden sie geprüft,
und der Inhalt ist vertieft.

Vieles ist darin oft versteckt
und hat schon manchen auch verschreckt.
Vieles ist gut zu gebrauchen,
ein Feuerzeug für das Rauchen.

Schals und Briefe sind oft dabei,
und ein Handy mit Konterfei.
Das Handy braucht man überall
in der Schule wie auch auf der Hall.

Das Handy ist gut zu schützen.
Es läutet, will unterstützen.
Die Handtasche ist unersetzlich,
der Inhalt ist oft sehr nützlich.

22 Die Queen

Die Queen ist schon 70 Jahre im Amt
und trägt feine Handschuhe aus Samt.
Jetzt fällt ihr das Regieren schon schwer,
und ein Nachfolger muss dann auch bald her.

Prinz Charles sitzt in Warteposition,
er hat die längsten Ohren der Nation.
Er vertritt die Queen schon bei den Feiern,
wer will da noch lange herum-eiern?

Doch die Queen kann auch noch hundert werden,
als junge Queen saß sie auf den Pferden,
die Rockband spielt ihr nun zu Ehren,
Freddy will ins Ohr zurückkehren.

Man kommt sich auch bald vor wie die Queen,
man lässt das Leben Revue passieren.
Die Queen hat eben auch viele Enkel,
sie passen kaum alle auf ihre Schenkel.

23 Die Queen feiert

Die Queen hat ein Sandwich dabei.
Mit Paddington sind es gleich zwei.
Die Handtasche ist anerkannt.
Der Inhalt ist oft interessant.

Paddington ist oft sehr lustig.
Bei der Queen war er auch durstig.
Sie trinken zusammen den Tee
und schmieren aufs Sandwich Gelee.

24 Royals

Die britische Queen wird heute beerdigt.
'Long live the Queen' ist jetzt plötzlich erledigt.
Heute versammeln sich Royals aus der Welt.
Das Staatsbegräbnis kostet schließlich viel Geld.

Könige und der Kaiser von Japan ist da.
Kinder und Enkelkinder auch, das ist klar.
König Charles ist jetzt der britische König.
Die Zukunft wird wohl dabei nicht eintönig.

Camilla, William, Kate, Harry und Meghan
leben weiter und werden Gespräche anregen.
Ob das Königreich weiter zusammen bleibt,
wird das Protokoll zeigen oder wer schreibt?

25 RIP Queen

Die Queen, die britische Königin, ist tot.
United Kingdom hat ein Trauergebot.
10 Tage wird jetzt weltweit getrauert.
Der Einfluss der Briten wird untermauert.

Sie war bekannt für wundervolle Hüte.
Die Queen unterstrich damit ihre Güte.
Sie hat das Königreich und Länder bereist,
was Ihren Verstand und Edelmut beweist.

Queen Elizabeth hat viel Humor besessen.
Mit Paddington hat sie Sandwich gegessen.
Mit James Bond ist sie plötzlich geflogen,
als Olympia nach England ist gezogen.

Wie wird jetzt Prinz Charles für U.K. König sein?
Die Welt beobachtet die Windsors daheim.
William und Kate und Kinder stehen bereit.
Mit Harry und Meghan haben sie schon oft Streit.

Die britische Königin hat oft gelacht,
Prinz Philipp hat Humor und sie oft bewacht.
Ihre Kinder und Enkel sind weltoffen.
Auf das Neue, was kommt, kann man nur hoffen.

26 Spaghettieis

Spaghettieis ist eine gelungene Vision,
eine Vanilleeis-Erdbeersoße Produktion.
Die Spaghetti-Nudeln sind mit der Sahne garniert.
Obendrauf wird weiße Schokolade reich verziert.

An heißen Tagen ist Spaghettieis ein Genuss.
Die Erdbeersoße läuft am Eisberg runter im Fluss.
Die italienische Eisdiele hat mehrere Eissorten
Spaghettieis ist super in allen Wohnorten.

27 Schlitz

Herr Ringelnatz hat gut gedichtet,
und über viele Städte berichtet.
Warum ist er nicht in Schlitz gewesen?
Hier gibt es auch sehr gute Anwesen.

Schlitz ist eine gute Kleinstadt in Hessen.
Viele lassen sich hier nicht so stressen.
Alle zwei Jahre ist das Trachtenfest,
da wird groß gefeiert, ein Freudenfest.

Ein Fest mit Trachten und guten Freunden,
mit Musik und Tanz lässt sich anfreunden.
Viele Gruppen kommen weltweit nach Schlitz,
weil es hier gut ist, das ist kein Witz.

Wir haben auch eine Destillerie
mit Whiskey und Likör Raffinerie.
Das kann man alles hier mal gut testen,
denn die Produkte sind hier die Besten.

Hat Herr Ringelnatz Schlitz nicht gefunden?
Die größte Kerze ist zu erkunden.
Schlitz liegt an der Fulda und an der Schlitz,
landschaftlich schön, hier gibt es gute Tipps.

Die Burgen strahlen hier mit Garantie
und auch die Landesmusikakademie.
Tourismus ist hier auch sehr willkommen,
bei uns kann man gut zur Ruhe kommen.

In Schlitz gibt es ein Runkelrübenfest.
Das ist ein außergewöhnlicher Test.
Kinder sollen schnitzen lernen dabei.
Wie bei Halloween gibt es Süßes frei.

Die größte Kerze brennt an Weihnachten,
sehr gut kann man hier auch übernachten.
Die Kerze wird am ersten Advent hell.
Wir, 'Schlitzer', sind eben originell.

Der Dialekt wird hier noch gut gepflegt.
Das ist eine echte Spezialität.
Von Dorf zu Dorf ist er unterschiedlich.
Das ist ein Trick, er ist wohl zweckdienlich.

Der Dialekt heißt in der Region „Platt".
Er wird gepflegt im Dorf und in der Stadt.
Mundart ist eine Überlieferung.
Nachfolgend ein Gedicht auf „Platt" zur Lesung.

28 E gekleppelt Ei

Hiett honn ich erscht mol e gekleppelt Ei
getronke,
glich hott mer au die neischierig Katt zugewonke,
Se gesst die Blume und is wege Neischierigkeit
drusse,
Se es auch freundlich und fräht, weißte was von
Russe?

Heh ans Dorf wern de net sofort rüberkomme,
Daih Krieg es doof und brutal, doch es send net all
Domme.
E gekleppelt Ei helft Dir au durch en langen
Doich.
Sei net so ängstlich und seh zu, was De konnst
gemoich.

Klatsch und Troatsch konnste am Dorf mit Freme
oft gehall,
doch die vielle Freme verstehn dich heh oft net all.
Dee spreche englisch, uslandisch, es werd' teuer,
des es alles ebbes fremd und auch ungeheuer.

29 Wörter

Im Fall der Fälle sollte man ein gutes
Schimpfwort parat haben,
um andere Leute das zu sagen oder sich auch
wagen.
Ein Dappes ist einer, der leider nichts gut machen
kann,
und ein pauschales Schimpfwort für Männer ist
dieser Blödmann.

Mann, oh, Mann sagt man auch gerne im Alltag
mal,
man geht oft, manchmal sind es zwei- oder
dreimal,
man hört das Herz auch laut, wenn man tief
schnaufen muss,
denn ein Mann mit seiner Kraft könnte helfen, ist
der Beschluss.

Eine Frau kann blöde Kuh oder Zimtziege öfters
heißen,
weil sie auch mal nicht recht hat oder sich bewegt
in Kreisen.
Mit Wörtern kann man vieles dichten und
beschreiben, warum kann ich nicht fort und muss
als noch hierbleiben?

Autofahrer, die vor mir fahren, sind manchmal ein
Verdruss. Gut, dass sie mich nicht hören können,
wenn ich mal schimpfen muss.
Es ist ja manchmal nicht so böse gemeint, wie es
klingt.
Gut, wenn man abends dann wieder ein Herz sich
zuwinkt.

Denn die bösen Wörter machen nur kurz dem
Herzen mal Luft,
viel besser sind gute Worte, wenn der Ärger ist
verpufft.
Viele gute Worte habe ich, wenn ich mich ärger
nicht,
der Wortschatz muss erweitert werden, das geht
auch im Gedicht.

Mir fallen auch gute Worte und Komplimente mal
ein.
Heutzutage will jeder/jede gelobt und sehr gut
sein.
Mit Ruhe, Geduld und Gelassenheit ist der Tag
besser.
Die Liebe vergrößert sich unbemerkt wie ein
Gewässer.

30 Der Schlitzerländer Trachtenverein

Die Schlitzerländer Tracht ist wunderschön und
wunderbar,
wenn Frauen sie in Tracht tragen, mit
geflochtenem Haar.
Damen und Herren tanzen zusammen den
Kirmestanz,
die Knöpfe der Jacke bei Herren haben einen
Glanz.

Die Firwes der Frauen sind schwarz und haben
bunte Bänder,
Die Firwes der Männer sind weiß, sie fahren in
andere Länder.
Die Firwes gibt es für Damen, Herren und auch
fürs Kind, gut, wenn alle miteinander feiern und
freundlich sind.

Firwes werden gestrickt und bestickt in der
Handarbeit,
Geist und Orientierung sind beim Stricken schon
mehr weltweit.
Die Feinheiten werden dafür gut ausgewählt und
angebracht,
bei Kindern wachsen die Füße noch, sie haben viel
Macht.

Die Trachtengruppe wird eingeladen zu vielen
Festen.
Sie geben Musik, Tanz und Geschichten zum
Besten.
Sie fahren in die Welt und laden auch andere ein,
nächstes Jahr wird wieder Trachtenfest mit allen
sein.

31 Vogelsbergkreis

Der Lauterbacher Löwe brüllt am Marktplatz.
Die Worte sind aus Stein, man versteht keinen
Satz.
Im Vogelsbergkreis sind die Wege weiter.
Denn die kleinen Städte sind älter und breiter.

Der Vogelsbergkreis ist groß, ein Flächenkreis.
Er liegt mitten in Hessen, wie man hier weiß.
Von Dorf zu Dorf gibt es Mundart und Sprachen.
Wie bei den Schildbürgern kann man hier lachen.

Er zieht sich von Alsfeld bis nach Lauterbach.
Auch Schotten, Rainrod, Grebenhain machen oft
Krach.
Am Rande liegen auch Grebenau und Schlitz.
Vieles ist hier zu bereden, ohne Witz.

Die Autos tragen das Kennzeichen VB.
Im Winter liegt im Vogelsbergkreis viel Schnee.
Traktoren und Wagen sind hier auf Straßen.
Wo ist was los, tönt es aus allen Gassen.

32 Quadratur des Kreises

Eine vollkommene Quadratur des Kreises
beinhaltet Lautes sowie auch Leises.
Wer sich als nur im Kreise weiter dreht,
der/die weiß, dass es auch andersrum geht.

Besser ist es, wenn man nach oben steigt,
mal was sagen kann und nicht nur schweigt.
Bei diesem Procedere bekommt man auch
Wunden,
Schaden kann man nicht beziffern, nur aufrunden.

Wie Wellen schwebt das Leben auf und ab.
Mal langsam und mal auch schneller im Trab.
Vieles ist gemeinsam besser zu lösen.
Das Leben hat eben Haken und Ösen.

Wer kann wissen, was das Leben noch bringt,
wenn man von Rätseln ist umringt.
Hilfe gibt es wenig, alles kostet Geld,
so geht es leider zu in der reichen Welt.

33 Mikronährstoffe

Mikronährstoffe machen Dich fit,
in Nahrungsergänzungsmittel ein Hit.
Das Leben soll täglich gelingen
und gute Möglichkeiten bringen.

Mikronährstoffe sind überaus gesund.
Vitamine sind da mit im Bund.
Mineralstoffe für die Zellen
sollen das Leben schnell erhellen.

Wer krank ist, braucht viele Tabletten.
Achtet schön auf die Etiketten.
Nährwerte sind auch zu beachten.
Zu bestätigen sind Gutachten.

Mikronährstoffe sind präventiv.
Lebensmittel sind frisch und aktiv.
Darum kocht Euch täglich was Gutes.
Wissenschaft ist was Absolutes.

34 Ukraine

Im Kaufladen fehlt wieder
Klopapier, Nudeln, Öl und Mehl,
dann koch' ich mit dem Tauchsieder,
nicht freiwillig, sondern nach Befehl.

Für die Ukrainer backe ich,
wohl einen Kuchen mit Pfirsich.
Zwei Kinder sind auch mit dabei,
dann schenk' ich noch ein Osterei.

Am Wochenende gibt es Schnee.
Gut, dass es noch gibt, den Kaffee.
Dann back' ich einen Kuchen mehr.
Denn der Krieg ist jetzt sehr unfair.

35 Valentinstag

Heute ist wieder Valentinstag,
gut, dass ich Dich immer noch sehr mag.
Hast Du auch noch diese Gefühle?
Wärme ist besser als die Kühle.

Wann sehen wir uns endlich wieder?
Ich habe darauf schon Lampenfieber.
Bist Du auch noch so verliebt wie ich?
Ich fühle mich wohl und vermisse Dich.

Oder soll ich Dich lieber mal was fragen,
was willst Du mir am liebsten sagen?
Bin ich Dir heute wieder egal?
Der Kreis ist rund und nicht mehr oval.

Du kannst mir gern was Gutes schenken
und meine Worte überdenken.
Valentin ist ein sehr guter Mann.
Denk am besten jedes Jahr neu dran.

36 Valentinstag, Tage wie diese

Hier in Deutschland ist es oft sehr kalt.
Die Rechnungen machen da nicht halt.
Menschen wohnen alleine dabei
und sind lautstark, ergreifen Partei.

Leider sind auch hier Dinge verkehrt.
Falsche Götter werden da verehrt.
Ein Erdbeben in Syrien ist schlimm.
Wer gibt Frauen und Kinder die Stimm'?

Es gibt so viel zu tun auf der Welt.
Beachtet einfach das Himmelszelt.
Jeder/jede kann leuchten daheim,
wenn Frieden und Güte sind im Reim.

Im Süden ist es warm und freundlich.
Macht Euch dort einfach völkerkundlich.
Freundschaften sind schnell geknüpft und toll.
Man fragt sich oft, was man daheim soll?

Ein Ausgleich für alle wäre gut.
Man müht sich in der Aufgabenflut.
Man wartet auf gute Antworten.
Wann öffnet die Liebe die Pforten?

Nächste Woche ist Valentinstag.
Denkt jeden Tag an Euren Beitrag.
Hilferufe gibt es sehr viele.
Valentin hat sehr viele Ziele.

37 Radio

Morgens, wenn ich aufwache, schalte ich das
Radio an,
weil ich mich informieren will und Musik hören
kann.
Die Moderator/-innen sind gut gelaunt schon sehr
früh,
sie geben sich rund um die Uhr bei den Fragen
viel Müh'.

Das Programm ist abwechslungsreich und im
Prinzip heiter,
Verkehrsfunk und Wettermeldungen gehen top
weiter.
Am Wochenende ist die Fußball-Bundesliga dran.
Auch Olympia oder WM ist stets gut im Plan.

Von morgens bis abends wird alles mehrfach
berichtet,
ab und zu Comedy, Klamauk, es wird auch
gedichtet.
Mit Musik und Nachrichten wird der Tag schön
gestaltet,
Eilmeldungen werden auch verwaltet.

Radio kann man mit Internet weltweit gut hören,
viele singen im Auto laut mit oder in Chören.
Die Sender tauschen sich miteinander aktuell gut
aus,
neue Lieder und Oldies gehen hier oft ein und aus.

Informationen sind aktuell.
Radiostunden vergehen sehr schnell.
Viele Künstler sind jährlich im Programm,
rund um die Uhr bis zum Sonnenaufgang.

Gute Lieder bekommen hier Applaus.
Jede Stunde kommt das Wetter und Staus.
Musik und Nachrichten gehen weiter.
Viele sind mit dem Radio heiter.

Überall höre ich Radio gern.
Fremde Länder sind mir damit nicht fern.
SWR3 ist mein Lieblingssender
und steht bei mir jetzt auch im Kalender.

38 Liebesbriefe

Heute hat es Schnee und Eis geregnet.
Die Erde ist nun reich nass gesegnet.
Der fünfte Februar ist noch sehr kalt.
Die Tage werden länger jetzt ja bald.

Bald lockt der Valentin Geschenke raus.
Die Werbung für Pralinen ist raus.
Auch Blumengeschenke sind ideal.
Denn die Liebe versteckt sich jetzt manchmal.

Im Winter sind die Leute mehr drinnen.
Herzklopfen und Sympathie sind innen.
Valentin zielt mit Pfeil und trifft genau.
Er trifft auch mal im Fasching mit Helau.

Schreibt einfach jetzt mal mehr Liebesbriefe.
Schließt Frieden und schafft auch neue Tarife.
Denn der Krieg treibt auch die Inflation an.
Bleibt gelassen und gönnt Nachbarn dann.

Manche Paare schenken sich täglich was.
Andere haben auf Distanz auch Spaß.
Brasilien und Baden-Württemberg
in der globalen Welt ist Liebe am Werk.

Die Streiks in England und der Post sind jetzt.
Die Arbeiter/-innen werden gehetzt.
Dann hagelt es manchmal noch Beschwerden.
Die Post ist international auf Erden.

39 Für den Frieden

Dialoge sind besser für den Frieden.
Wegen Stille haben sich viele schon geschieden.
Es gibt so viel zu sagen und Aufgaben.
Deswegen bemüht bitte mal Buchstaben.

Gedichte sind hier gut und leicht geschrieben.
Man kann die Sachen, die man hat, auch lieben.
Das alles kostet Kraft, Geld und auch viel Zeit.
Ein dreifaches Hoch auf die Nachhaltigkeit.

Kaputt machen will man doch nicht die Sachen,
neben Menschenleben und Blutlachen.
Seht Euch mal um, man kann reparieren.
Manche Kinder sind zu adoptieren.

Für Gutes ist das Geld besser angebracht.
Man kann sich wohlfühlen in der guten Pracht.
Bitte richtet Waffen nicht auf andere.
Wer Wut hat, holt tief Luft und dann wandere.

Man muss anderen nicht lange böse sein.
Großzügigkeit ist eben groß und nicht klein.
Gebt den Leuten Geld, die jetzt Geld brauchen.
Gute Lebensmittel sind gut verbrauchen.

Das Leben kostet viel beim Überleben.
Unfallopfer wissen viel von dem Leben.
Friedlich und freundlich sein, hilft da oft weiter.
Neue Freunde finden, die sind auch heiter.

Alte Freunde kann man auch oft behalten.
Sie helfen und kennen das Verhalten.
Unfälle kann man so schnell nicht vergessen.
Ein gutes Leben ist besser stattdessen.

40 Hochwasser

Über Nacht kamen viele Wogen.
Die Fische sind mit fortgezogen.
Mal drüber, mal drunter, obenauf.
Man nimmt hier sehr vieles Mal in Kauf.

Beachtet alle Warnhinweise.
Das Wasser zieht hier gerne Kreise.
Hochwasser ist hier in Deutschland.
Wie schön ist's in Spanien am Strand?

41 Tagträume

Man möchte sich in eine Traumwelt flüchten
und schöne und gute Ideen züchten.
Wann kommt er endlich hierher, der große Schatz?
Oder war das Sehnen wieder für die Katz?

Allein als Frau hat man es hier oftmals schwer.
Wo nimmt man die Kraft und Ausdauer her?
Schon die Taschen beim Einkaufen sind sehr
schwer.
Auch Tische bewegen sich kaum hin und her.

Für vieles braucht man schnell eine dritte Hand.
Renovierungen kosten Geld im Umland.
Freunde und Nachbarn helfen manchmal dabei.
Altes wird wieder schöner mit Zauberei.

Die Arbeit ruft und hat einen Extraplan.
Jetzt muss man wirklich aufwachen, angetan.
So früh ist manchmal kaum jemand unterwegs.
Hoffentlich bekommt man mehr als einen Keks.

42 Gedanken vor dem Sommer

Die Gedanken ziehen schon nach Süden.
Wer oft früh aufsteht, kann schnell ermüden.
Die Schmerzen quälen manche Leute sehr.
Die Rechnungen werden in der Post mehr.

Der Zahnarzt hat einen Zahn gezogen.
Die Kronen sind manchmal abgeflogen.
Wer fährt mich zum Zahnarzt und holt mich ab?
Hier fährt man weiter und nimmt's auf die Kapp.

Wer schon mehr erlebt hat, hat mehr Schmerzen.
Die Betäubung ist auch zu verschmerzen.
Wann kann man wieder richtig gut essen?
Wer kann hier Lösungen besser messen?

Zu Scherzen ist man da nicht aufgelegt.
Innerlich ist noch mehr, was da bewegt.
Der Süden ist da besser aufgestellt.
Da gibt es mehr Sonnenschein in der Welt.

43 Das Poesiealbum

Das Poesiealbum ist wunderbar,
es begleitet alle durch das ganze Jahr.
Kinder, Lehrer und Eltern schreiben rein,
um für alle Zeiten gut drin zu sein.

Bilder und Reime werden gedichtet,
das Album wird von allen gesichtet.
Gute Reime sind oft drin zu finden,
manchmal sind die Seiten neu zu binden.

Passt gut drauf' auf, wenn Ihr es vor Euch habt,
damit Ihr Freunde bleibt und es auch klappt.
Poesiealben sind gute Seiten,
sie bleiben als Andenken an Zeiten.

44 Februar

Im Februar ist heuer Faschingstreiben,
wie gerne möchte man verkleidet bleiben.
Die Maske und das Kostüm sind wunderbar,
auch wenn es viel zu kalt ist hier offenbar.

Bitte, liebe Leute, holt Euch nicht Schnupfen.
Macht besser in das Gesicht tolle Tupfen.
Die Coronajahre sind hart gewesen.
Die Narren sind hoffentlich jetzt genesen.

Ich wünsche Narren und Närrinnen viel Spaß,
schwingt bitte hoch das Tanzbein und das mit
Maß.
Tanzen ist gut für die Laune und auch mehr.
Manchmal vermisst man Einladungen dazu sehr.

45 März

Im Märzen der Bauer die Röss'lein anspannt.
Wir sind in der Welt momentan angespannt.
Vor einem Jahr hat ein Krieg hier begonnen.
Inzwischen ist schon viel Blut da zerronnen.

Anfang März wird ein Waffel-essen sein.
Da rede ich mit Ukrainern daheim.
Sie sind seit letztem Jahr schon hier in Hemmen
und tun sich in Fulda und Schlitz auskennen.

Zurzeit lernen sie in Fulda die Sprache.
Deutsch sprechen ist hier nun mal auch
Chefsache.
Ende März ist die Sommer-Zeitumstellung.
Dann gibt es draußen auch wieder Aufhellung.

Im März hat Vater den zehnten Todestag.
Er liegt jetzt am Friedhof und hat Jahrestag.
Oft ist er bei mir noch da in Gedanken.
Ich hab ihn geliebt und möchte ihm danken.

46 Grundsteuer

Gibt es einen Grund für die Grundsteuer?
Bald ist Abgabetermin für die Steuer.
Ein Grundstück braucht auch nötig die Pflege.
Wer hat denn Geld für die gute Pflege?

Da dreht sich der Grund doch auch im Kreis.
Das ist so wie mit den Menschen, man weiß.
Das Leben ist offenbar jetzt teuer.
Es kostet Ernährung und Gemäuer.

Kinder kosten Geld und wollen leben.
Wer kann das Geld mit Wonne ausgeben?
Selbst am Friedhof kostet die Pflege Geld.
Zu viel Bürokratie auf dieser Welt?

Die Post beschäftigt nicht das ganze Jahr.
Das ist leider selten jedoch auch wahr.
Rechnungen kommen oft mit der Post.
Wer gibt Schwerbehinderten dann Trost?

Gesunde und Reiche haben es gut.
Wer schafft Ordnung in der Formularflut?
Bei den Kosten sind viele überfragt.
Wer jetzt nicht bereit ist, nein dazu sagt.

47 Lohnerhöhung?

Hey Boss, ich brauch' mehr Geld,
denn verrückt ist wohl die Welt.
Sie kaufen neue Waffen,
wer soll das nun noch raffen?

Die Regierung ist wohl blind
und handelt da wie ein Kind.
Waffen schaffen nicht Frieden.
Sie werden da gemieden.

Gute Antworten sind rar gesät.
Rasen wird im Winter nicht gemäht.
Wo kommt das Geld für das Leben her?
Am Land hat man es oftmals sehr schwer.

Qualifikationen sind schon da.
Sozialversicherungen fehlen, tja.
Flüchtlinge kommen auch gern aufs Land.
Sie möchten hier leben, mit Verstand.

Wenn die Regierung nur Panzer will,
Lebensmittel kosten mehr und Dill.
Gewürze sind auch gut fürs Essen.
Sonst kannst Du das Leben vergessen.

Behörden sind nicht zu erreichen.
Wer will hier A mit B vergleichen?
Ist denn nicht genug für alle da?
Man hat den Eindruck hier offenbar.

48 Friedensgedicht

Ein Krieg ist noch nicht mit Waffen beendet
worden.
Bei den Soldaten klebt sehr viel Blut an den
Orden.
Die Menschen wollen weiter machen und auch
leben.
Macht Euch das bewusst und fangt an, Frieden zu
geben.

Frieden und Lösungen sind guter
Menschenverstand.
Jede Kriegshandlung ist nicht gut für ein armes
Land.
Bitte hört auf mit Krieg und lasst die Waffen
schweigen.
Zusammenarbeit ist gut, das wird sich dann
zeigen.

Nachbarschaften und Freundschaften sind ein
gutes Ziel.
Leute, die den Krieg nicht wollen, bewirken da
viel.
Versucht einfach mal, die anderen zu verstehen.
Wer will denn gerne als Soldat/-in in den Krieg
gehen?

49 Eierlikör

Udo Lindenberg trinkt gerne Eierlikörchen.
Das Getränk schmeckt auch nach Frikadellen und Möhrchen.
Udo Lindenberg malt auch Eierlikörbilder.
Mit etwas Alkohol sucht man stets nach Sinnbilder.
Eierlikör kann jeder/jede selbst herstellen.
Man kann ihn auch kaufen in Läden und Tankstellen.
Manche Personen trinken Eierlikör im Kaffee.
Dann nennt man ihn Digestif und ist auch ein Gourmet.
Mit Bio-Eiern schmeckt er wunderbar regional.
Manche werden nach ein paar Schluck schon emotional.
Die Vanilleschoten kommen aus Madagaskar.
Eierlikör trinkt man gerne am Rhein und Neckar.
In der Eisdiele gibt es Eis mit Eierlikör.
Die Oma macht ihn in den Kuchen dabei, ich schwör'.
Eierlikör gibt es im Winter als Eierpunsch.
Trinkt mit mir noch eine Runde ist der Weihnachtswunsch.

50 Wandel der Zeit

Meine Oma hat Strümpfe gestrickt
und auch Hosenträger bunt bestickt.
Handarbeiten sind heute nicht in.
Wer hat so was heute noch im Sinn?

Strümpfe werden im Laden gekauft.
Auch wenn sie manchmal sind ausverkauft.
Vor Weihnachten sind Strümpfe der Hit,
ob sie gestreift sind oder auch gerippt.

Der Fortschritt kommt heute aus China.
Dort bestellen Erna und Lina.
Die Waren kommen manchmal spät an.
Schiffe und Flugzeuge bringen dann.

Die globale Welt ist gut vernetzt.
Was nicht passt, wird bei ebay gesetzt.
Flohmärkte sind auch im Internet.
Man braucht ein Handy oder Tablet.

Die moderne Welt ist erstaunlich.
Die Wege sind oft ungewöhnlich.
Währungen werden ausgetauscht.
Retouren werden oft umgetauscht.

Post und Hermes bringen die Waren.
Man sieht sie tagsüber oft fahren.
Wer bestellt, muss auch daheim bleiben.
Sonst muss der Lieferdienst was schreiben.

51 Hochwasser vom Schnee

Auf den Wiesen bilden sich kleine Seen.
Jetzt sind sie aus Eis und es tanzen Feen.
Der Himmel ist weiß und es fällt jetzt Schnee
über das Tal, über die Bäume und den Klee.

Früher sind wir hier Schlitten gefahren.
Eiszapfen hingen am Fensterrahmen.
Mit Schuhen sind wir am Eis geschlittert.
Trotz Handschuhen haben wir gezittert.

Manchmal hatten wir eine Schneeballschlacht.
Über uns Kinder hat man oft gelacht.
Der Schulbus kam im Winter oft zu spät.
Es war oft kalt in der Realität.

Bis der Schnee in der Rhön geschmolzen ist,
gibt es hier oft Hochwasser, wie Ihr wisst.
Der Winter ist ein grimmiger Gesell.
Er bleibt oft länger und geht nicht so schnell.

52 Januar

Der Januar kommt mit Regen, Wind und Schnee.
Da bleiben viele zuhaus' und trinken Tee.
Die drei heiligen Könige sind auch dran.
Sie schreiben CMB auf die Tür dran.

Die Tage sind noch dunkel und es ist kalt.
Wo sind die Farben und die große Vielfalt?
Manche haben Schmerzen oder auch Rheuma.
Der Januar ist für manche ein Trauma.

Skifahrende freuen sich auf die Pisten.
Andere wollen Geschenke ausmisten.
In Hemmen ist im Januar die Kirmes.
Da tanzen manche Personen in Firwes.

Vieles ist im Januar zu bezahlen.
Die Mühlenräder fangen an, zu mahlen.
Manche haben im Januar Geburtstag.
Steinböcke und Wassermänner als Beitrag.

Der Karneval ist meistens im Februar.
Der Februar ist etwas kürzer im Jahr.
Manchmal haben wir dann einen Schalttag mehr.
Diese sind alle vier Jahre dann mal quer.

53 Rihanna, neue Regeln

Rihanna singt jetzt wunderbar "Lift me up"
und sie schaut trotzdem von oben herab.
Wenn sie schon oben ist und Hilfe braucht,
dann ist klar, dass die Welt in Krisen raucht.

Neue Regelungen rauben Verstand.
Man sitzt grübelnd davor wie vor der Wand.
Neue Aufgaben wachsen mit Steuer.
Bürokratie heißt da das Ungeheuer.

Was machen Frauen allein in der Not?
Rihanna nimmt Frauen mit in das Boot.
Sie ist jetzt Mutter und versteht die Welt.
Gebt endlich Frauen mehr Einfluss, mehr Geld.

54 Die guten Neujahrsvorsätze

Wer möchte im neuen Jahr mehr trainieren?
Sich mit dem Partner/-in mehr kopulieren?
Das wissen große Menschen, wie auch das Kind.
Es gibt so viele Vorsätze, die gut sind.

Viele wollen mit dem Rauchen aufhören,
weil sie beim Rauchen oft andere stören.
Wer schwanger werden möchte, hat einen Grund.
Man fühlt sich auch besser nach der ersten Stund'.

Manche wollen endlich weniger essen.
Solche gibt es in Bayern oder in Hessen.
Zucker und Fette schmecken manchmal so gut.
Das macht sich dann bemerkbar, oft auch im Blut.

Manche trinken auch weniger Alkohol.
Alkohol trinken ist ein schlechtes Symbol.
Asketen geht es gesundheitlich besser.
Wer es lange durchhält, ist dann auch kesser.

Die guten Vorsätze sind vielen bekannt.
Viele haben Charme, Herz oder auch Verstand.
Nur durchhalten ist oft eine Lebenskunst.
Gute Vorsätze verschwinden schnell wie Dunst.

'The same procedere as every new year'.
Gute Vorsätze wünsche ich Dir und mir.
Wo ein Wille ist, ist manchmal auch ein Weg.
Man geht besser ohne als mit viel Gepäck.

55 Silvester

Heut' wird gewürfelt und Karten gespielt.
Mit Punkten am Block dann Siege erzielt.
Die Strategen haben das meiste Glück.
Sie gewinnen fürs nächste Jahr ein Stück.

Wer kann das Schicksal schon voraussehen,
wenn im Winter scharfe Winde wehen?
Bei vielen gibt es Raclette und Fondue
später abends zum Silvestermenü.

Manche sitzen auch einsam, vergessen.
Sie brutzeln sich selbst ein gutes Essen.
Um Mitternacht gibt es dann ein Glas Sekt.
Tradition, dass der Jahreswechsel schmeckt.

In Spanien essen alle Menschen zwölf Trauben
in der Hoffnung und im guten Glauben.
Das neue Jahr kann stets gut gelingen.
Stimmt fröhlich mit ein und lasst uns singen.

Wunder gibt es jeden Tag wieder neu.
Streicht in zweitausend-dreiundzwanzig Scheu.
Silvester ist ein guter Neubeginn.
Vieles macht ab morgen dann viel mehr Sinn.

56 Ein Tag vor Silvester

Morgen ist wieder mal Silvester
für junge und alte Semester.
Beginnt das neue Jahr mit Freuden
und lasst alle Glocken hell läuten.

Zweitausend-zweiundzwanzig ist rum',
der Krieg leider nicht, er macht Krawumm.
So viele Flüchtlinge sind nun hier.
Ist denn der Krieg nur menschliche Gier?

Weshalb ist Kommunikation schwer?
Was ist an einem Krieg denn noch fair?
Lasst Waffen endlich wieder schweigen
und lasst uns Lösungen aufzeigen.

Will die Politik denn nur den Krieg?
Verstand und Fortschritt sind doch ein Sieg?
Mit Fantasie ist zu gewinnen,
während die Jahre nur verrinnen.

Froh ist, wer morgen friedlich feiert,
und danach nicht noch mal krankfeiert.
Fröhlich, gut Feiern ist besser,
die Uhr ist ein guter Zeitmesser.

57 Treuepunkte

Wollen Sie noch die Treuepunkte?
Fragt die Frau, die mich jetzt an-funkte.
Bei jedem Einkauf gibt es welche
für ein Geschenk wie diese Elche.

Nächsten Monat gibt es dann Messer.
Sammeln Sie Punkte, geht es besser.
Sie können Punkte weitergeben
oder sie in einen Pass kleben.

Junge Leute sammeln mit der App.
Das macht die Julia und auch der Sepp.
Kleine Geschenke sind gut für Sie.
Sie verbessern die Kundenchemie.

58 Der Weihnachtsbaum

Der Weihnachtsbaum muss nicht unbedingt sein.
Wie lässt man den Glanz in die Hütte rein?
Sterne und Kerzen reichen völlig aus,
wenn man zusammen ist in einem Haus.

Bäume produzieren uns Sauerstoff fein,
wo sie auch stehen zusammen allein.
Glitzer- und Farben sind nur ein Brauchtum.
Sie zeugen von Tradition und Reichtum.

Ein paar Zweige sind auch ein guter Schmuck.
Sie sind rasch geschmückt, das geht auch
ruckzuck.
Ich wünsche allen frohe Weihnachten.
Seid lieb zueinander in Andachten.

59 Der Weihnachtseinkauf

Der Weihnachtseinkauf, der muss jetzt sein,
wo ist ein Parkplatz, wo passt man rein?
Überall sind Menschen geschäftig.
Denn der Weihnachtseinkauf wird oft heftig.

Brot, Schokolade und auch Butter
da in der Schlange steht die Mutter.
Äpfel, Orangen und Tomaten
schmecken gut nach dem Sonntagsbraten.

Vanillezucker, Backpulver, Mehl
für den Kuchen und für Haare, Gel.
Schinken, Eier und Senf sind günstig.
Warum schaut die Dame missgünstig?

Am Heiligabend gibt es Raclette,
am nächsten Morgen dann ein Omelett.
Wein, Bier und Sekt im Angebot.
Wenn es kalt wird, gibt es 'Fettebrot'.

Plätzchen und Stollen sind versteckt,
Oma hat sie mit Tüchern bedeckt.
Wer hat den besten 'Festtagskuchen'?
Lasst uns alle mal bald versuchen.

60 WM in Katar

Die WM in Katar fängt bald an.
Darauf freut sich wohl so mancher Mann.
Eine WM in Winter ist neu.
Es wird wohl gut gehen, toi, toi, toi.

So hat man es damals entschieden.
Die Funktionäre sind zufrieden.
Manche sind in Katar gestorben.
Wer hat uns die WM verdorben?

Hansi Flick hat den Kader benannt.
Kein Spieler dabei ist unbekannt.
Wer wird da wohl Weltmeister werden?
Die Polen, Dänen oder die Serben?

In Katar ist es ja wohl noch warm?
Deswegen im Winter ist der Plan.
Wir sitzen hier und sollen frieren?
Da kann der Applaus schon gelieren.

Sport ist vieles, was undenkbar ist.
Man staunt hier und ist dann Realist.
Diese Spiele gehen auch vorbei.
Sagen Fans und auch die Polizei.

An Weihnachten ist die WM 'rum
und die Kritiker werden dann stumm.
Bundesliga geht auch bald weiter.
Der Fußball ist ein Wegbegleiter.

61 Fußball-Weltmeister 2022

Argentinien ist dieses Jahr Fußball-Weltmeister.
Die Spieler sind jetzt glückliche
Handwerksmeister.
Sie feiern mit Frauen, Kinder und Familien.
Die Fans und Menschen sind stolz aus
Argentinien.

Lionel Messi ist ein Ausnahmetalent,
seit vielen Jahren ist er gut, wie man ihn kennt.
Viele Kinder spielen deswegen nun Fußball.
Manche von ihnen spielen im Profifußball.

62 Gedanken vor Weihnachten

Frühmorgens laufen schon Füchse darum
und eine Katze streunt auf Tour herum.
Jetzt im Winter ist kaum was zu finden.
Sie laufen am Fahrbahnrand bei Linden.

Die Augen blitzen im Dunkeln kurz auf.
Gut, wenn man sie sieht, im Parallellauf.
Der vierte Advent steht schon vor der Tür.
Die Zeit geht schnell 'rum, wer kann was dafür?

Weihnachten wird dieses Jahr besinnlich.
Die Sterne glitzern schon übersinnlich.
Silvester gibt es wieder kein Feuerwerk.
Ein besser für die Umwelt Vermerk.

Silvester gibt es auch gute Musik.
Manchmal schläft man schon etwas ein zum
Glück.
Mit Sekt kann man Prost Neujahr begrüßen.
Manche stellen sich Rätsel beim Wachs gießen.

Das Raclette und das Fondue schmeckt lecker.
Wer stellt sich um zwölf Uhr schon den Wecker?
Gemeinsam feiern ist ein guter Tipp.
Wer ist denn auf dem Dinner-for-one-Trip?

Sich beim Glockenschlag küssen ist besser.
Das schont die Umwelt und die Gewässer.
Feiert bitte still das neue Jahr an.
Das danken Euch die Kinder irgendwann.

Raketen und Böller müssen nicht sein.
Wer es mag, kann auch trinken einen Wein.
Die Straßen sind am nächsten Tag sauber
und es beginnt der Neues-Jahr-Zauber.

63 Weihnachtszeit

Draußen ist es weiß und bitterkalt.
Leute fahren durch den Winterwald.
Die Kälte macht große Eiszapfen.
Kinder werden durch den Schnee stapfen.

Auf der Tanne glitzert bald ein Stern.
Weihnachten ist jetzt nicht mehr so fern.
Habt Ihr denn schon alle Geschenke?
Ihr wisst doch, dass ich an Euch denke.

Viele laufen am Band jetzt vorbei.
Große und Kleine sind dort dabei.
Dieses Jahr werden Wünsche wahr.
In der Krippe werden Wunder wahr.

Verbringt jetzt mehr Zeit miteinander.
Seid friedlich und denkt aneinander.
Lösungen gibt es auch ständig mehr.
Weihnachten und Advent haben Flair.

64 Weihnachtsplätzchen

Draußen wird es kalt, da ist Plätzchen-Zeit.
Aus der Küche duftet es nun weit und breit.
Wann backt die Oma wieder Lebkuchen?
Viele Plätzchen möchte ich versuchen.

Warum sind die Butterplätzchen versteckt?
Wer hat den Plan dafür jetzt ausgeheckt?
Oh. Zurzeit gibt es Kokosmakronen.
Teilt es Euch ein in kleinen Rationen.

Spritzgebackenes und die Zimtsterne
essen Mutter und Vater auch gerne.
Vergesst die Plätzchen nicht aufzuessen
und nehmt Euch Zeit und lasst Euch nicht
stressen.

Der zweite Advent ist schon am Sonntag.
Weihnachtsmärkte sind offen, die man mag.
Die Vorweihnachtszeit geht so schnell vorbei.
Holt Euch noch Honig aus der Imkerei.

Mit Süßem geht die Kälte schneller weg.
Plätzchen zwischendurch sind ein kleiner Snack.
Nur nicht so viel, damit die Hose passt.
Plätzchen schmecken gut, wer ist Enthusiast?

65 Schnee

Der Schnee fällt vom Himmel sehr leis'
auf einmal ist draußen alles Weiß.
Wem gefällt der Schnee auf den Straßen?
Schnee ist zwar schön, doch nur in Maßen.

Denn es ist kalt und nass noch dazu.
Schneeballschlacht ist noch sehr tabu.
Kinder freuen sich da vielleicht,
wenn es zum Schlittenfahren reicht.

66 Die Ziehung der Lottozahlen

Die Ziehung der Lottozahlen sind begehrt.
Denn Geld und Reichtum wird bei vielen sehr
verehrt.
Lottoannahmestellen gibt es überall.
Es hat nur nicht jeder/jede Geld im Schwall.

Der Einsatz für die Zahlen ist schon teuer.
Wenn Du nicht gewinnst, ist er da ungeheuer.
Den Gewinn können viele gut gebrauchen.
Denn der Schornstein soll auch im Winter
rauchen.

Samstagabend sind trotzdem viele dabei.
Lotto spendet auch für Sportler zwei oder drei.
Ist denn die Liebe und das Gespräch nichts wert?
Viele brauchen Geld, was läuft denn hier
verkehrt?

Viele kommen nicht ran an den Fördertopf.
In vielen Leitungen hängt nur noch ein Tropf.
Wenn alte Häuser bezahlt werden müssen,
dann will man nicht für alte Fehler büßen.

67 Schlittschuhe am Weihnachtsmarkt

In Baden-Baden am Augusta ist was los.
Da laufen Schlittschuhläufer/-innen am Eis famos.
Das Eis ist jetzt anders und alternativ gestaltet.
Der Fortschritt ist gut und wird dort bestens
verwaltet.
Warum kann man da nicht mit Inlinern
'rumlaufen?
Gut, dafür muss man/frau sich dann Inliner
kaufen.
Inliner fahren ist das ganze Jahr über gut.
Am Augustaplatz sind Schlittschuhe besonders
gut.

68 Herbstgedicht

Die Blätter fallen von den Bäumen.
Man bleibt lieber drin und will träumen.
Draußen ist alles bedeckt und grau.
Wer schlägt da noch Rad? Nicht mal der Pfau.

Viele Früchte sind jetzt geerntet.
Jetzt werden Gedichte erlerntet.
Bald ist Weihnachten und Nikolaus.
Es duftet nach Lebkuchen im Haus.

Geschenke werden neu gebastelt.
Dabei wird sich auch mal verhaspelt.
Die Blätter lachen sich draußen ab.
Manchmal fällt auch etwas Schnee herab.

69 Frühschicht

Letzter Tag diese Woche Frühschicht.
Es ist dunkel, langsam wird es Licht.
So viele Leute stehen früh auf.
So steht es plötzlich im Lebenslauf.

Frühschicht und Spätschicht wechseln sich ab.
Das hält die Belegschaft nun auf Trab.
Wenn es Geld gibt, sieht man sie grinsen.
Dabei reicht es doch nur für Linsen.

70 Brieftauben

Die Brieftauben fliegen lustig durch die Luft.
Bei der Post macht das die Bandarbeit in Kluft.
Viele Briefe werden täglich versandt.
Absender und Empfänger sind genannt.

Sind das nur Werbung oder Rechnungen?
Oder Formulare und Bewegungen?
Das Band läuft beinahe rund um die Uhr.
Der Sorter sortiert und findet die Spur.

Große Pakete sind auch mit dabei.
Poster und Zeitungen, der letzte Schrei.
Kataloge werden auch gelesen.
Sie sind schwer zu tragen im Postwesen.

Die Welt ist global und sehr gut vernetzt,
man hat sich auch mit dem Messer verletzt.
Die LKWs holen die Post hier ab
und bringen neue und machen Dich matt.

Der Frankfurter Flughafen ist zentral,
auch Göppingen ist da nun dezentral.
Stauffenberg bekommt große Sendungen.
Fulda leitet Briefe in Wendungen.

Die Halle der Post hat viel zu bieten.
Royal Mails landen im Zoll mit Mieten.
Brieftauben sind da wohl sehr romantisch.
Versendet E-Mails nicht dilettantisch!

71 Return to Sender

Return to Sender, die Post geht um die Welt.
Es kostet ja nur Briefmarken und nicht Geld.
Jeden Tag wird was Schönes von weit weg
bestellt.
Nur manchmal wird es dann nicht gut zugestellt.

Was denken sich Briefträger tagsüber nur?
Warum nehmen Leute die Post nicht an, stur?
Die Post hat dann mehrfach viel Arbeit damit.
Verteilstellen gibt es hier und in Madrid.

Auch Liebesbriefe werden oft versendet.
Die Liebe ist am Papier unbeendet.
Wer sendet die Briefe Return to Sendern?
Die Liebe ist schriftlich in allen Ländern.

72 Die Weihnachtspost

Leute, bestellt heute schon Geschenke.
Es wird Zeit, dass man da mal nachdenke.
Die Post hat jetzt wenig Personal hier.
Sie kommt nur sehr langsam von mir zu Dir.

Die Post wird eingeworfen und sortiert.
Danach wird sie oft mehrfach transportiert.
Postmitarbeiter werfen Post umher.
Die Pakete am Band sind täglich mehr.

Global wird sich heute vieles geschenkt.
Die Pakete sind frankiert und gelenkt.
Manchmal kostet es auch noch Gebühren.
Zerbrechliches ist gut zu verschnüren.

Die Gaben kommen zum Weihnachtsfest an.
Bei der Post gibt es wohl den Weihnachtsmann.
Überstunden sind jetzt sehr angesagt.
Die Postarbeiter werden oft gefragt.

73 Der Nebel

Der Nebel lichtet sich heute kaum.
Man fühlt sich deswegen wie im Traum.
Die Welt sieht jetzt sehr verschwommen aus.
Man bleibt lieber drin und will kaum raus.

Der Nebel ist für das Fahren schlecht.
Man sieht die Autos kaum, wer hat recht?
Die Umwelt herum ist überaus feucht.
Wer hat die Krähen da aufgescheucht?

Es wird erst am Mittag richtig hell.
Dann kaufe ich 'was ein, arbeite schnell.
Das Wetter ist ein gutes Thema
und passt heute in das Reimschema.

74 Viel zu tun

Die Eier-legende-Wollmilchsau wird oft gesucht.
Dabei ist sie seit Jahren schon total ausgebucht.
Stellen in der Pflege und beim Bäcker sind frei.
Für Mindestlohn kann sie gut arbeiten, oft dabei.

Sie soll gut arbeiten und oft lächeln jeden Tag.
Ehrenamt kann sie und Überstunden als Beitrag.
Wer sie kennt, sagt ihr bitte, dass sie bald hier
anfängt.
Es gibt viel zu tun und die Zeit und Arbeit hier
drängt.

75 Der Herbst

Der Herbst kommt jetzt in schnellen Schritten.
Zieh Socken an, sonst hast Du gelitten.
Wer sich nicht warm anzieht, dem wird's kalt.
Das ist ein Spruch, der von früher hallt.

Man will ja nicht krank werden und frieren.
Menschen sind besser dran als Tieren.
Man macht es sich warm und kann kuscheln.
Egal, ob andere dann tuscheln.

Im Herbst hat man mehr Klamotten an.
Wo ist der Schal und die Jacke dann?
Wenn es regnet, gibt es einen Schirm.
Man zieht was an und geht raus im Zwirn.

Leider dauert es jetzt wieder lang,
bis der Sommer kommt, der Vogel sang.
Der Winter hat hier viele Stunden.
Wer hat den Winter nur erfunden?

Der Herbst macht es draußen kunterbunt.
Die Äpfel schmecken dem Kindermund.
Gut, dass Früchte noch zu ernten sind.
Die Sonne ist schöner als der Wind.

76 Der kalte Oktober

Die Kraniche fliegen in den Süden.
Man hört sie deutlich, wie auch die Rüden.
Ein Naturspektakel am Himmelszelt.
O, wie wunderbar und groß ist die Welt.

Die Kraniche ziehen in das Warme.
Sie fliegen mit Flügeln statt Fettarme.
Sie wissen, das Leben zu genießen.
Welche Form sie auch dazu beschließen.

Beim Fliegen vorne wechseln sie sich ab.
Sie sind schnell und schauen auf uns herab.
Wer weiß, wo sie morgen wieder landen?
Sie sind gewitzt und froh gestanden.

77 Quittengelee

Quittengelee war früher sehr lecker.
Dafür stelle ich mir heut' den Wecker.
Quitten sind zwar hart, doch auch sehr gesund.
Manche sind länglich, andere auch rund.

Der Flaum außen wird erst abgerieben.
Den Quittengelee werde ich lieben.
Wie hat die Oma das damals gemacht?
Welche Zutaten zusammengebracht?

Zwei Tage Arbeit sind einzuplanen,
auch wenn die Energiekosten mahnen.
Wer Glück hat, bekommt auch ein Glas geschenkt.
Glaube ja auch, dass man noch an mich denkt.

78 Die Waschmaschine

Die Waschmaschine ist ein elektronisches Biest,
die manchmal aus den Socken Tätigkeiten
ausliest.
Bei anderen verschwinden mehrfach dann die
Socken.
Mich will die Waschmaschine in den Keller
locken.

Bei mir kommen rechte und linke Socken zum Schluss
nicht aus der Maschine zusammen raus zum Verdruss.
Deswegen ziehe ich dann zwei linke Socken an
oder zwei rechte Socken zusammen, dann und wann.

Manchmal ist in der Waschmaschine auch ein Farbenspiel.
Wenn es nicht auf links gedreht ist, verfärbt sich ein Ziel.
Wie soll man nur so viele Programme verstehen?
Dank Waschmaschine muss ich nicht dreckig ausgehen.

79 Gendern

Das Gendern macht Spaß und gute Laune.
Viele hören eher hin, man staune.
Mann, Frau oder divers, alle Leute,
sind gut anerkannt und gemeint heute.

Wer nicht gendern will, der lässt es eben.
Der Sprache tut es gut und dem Leben.
Denn jeder/jede hat was zu sagen.
Meinungen sind auch manchmal zu wagen.

Meinungen gibt es reichlich, schon lange.
Man schneidet sie nicht ab mit der Zange.
Jugendsprache ist gut für Sprache auch.
Manchmal ändert sich was neu im Gebrauch.

80 Heute

Heute bin ich glücklich und zufrieden.
Heute werden Fettnäpfen vermieden.
Gestern ist schon lange abgehakt.
Da wird jetzt auch nicht groß nachgehakt.

Menschen haben jetzt im Prinzip nur jetzt,
manche sind davon schon lang verletzt.
Deswegen lächeln sie Schmerzen weg.
Das ist ein Trick und ein frecher Gag.

Sei einfach glücklich im Hier und Jetzt.
Du wirst von anderen unterschätzt.
Mach Dir jetzt selbst nicht so viel Stress.
Das ist nicht gut für Deine Fitness.

Ruhig atmen und einfach lachen.
Du kannst jetzt hundert Sachen machen.
Wenn es in den Gliedern auch mal zwickt,
das Glück wird heute zu Dir geschickt.

Sei glücklich und nimm es einfach an.
Am Unglück bist Du nicht schuld daran.
Vieles ist mal verkehrt gelaufen.
Heute bleibt das Unglück mal draußen.

Glücklich sein ist besser für Dein ich.
Tue nur Gutes und freue Dich.
Die Zeit ist kostbar für uns alle.
Achte auf Dich und Deine Galle.

81 Oktober

Der Oktober ist schon etwas spooky.
Es wird schon kalt, man isst einen Cookie.
Die Blätter fallen wild von den Bäumen.
Man hat viel zu tun und will nur träumen.

Draußen in der Aussicht wird alles grau.
Nebelschleier fallen, da läuft 'ne Frau.
Man muss aufpassen, dass man alle sieht.
Der Wind im Nacken tut weh und es zieht.

Die Geister in der Luft machen müde.
Die Kette am Hals hängt am letzten Gliede.
Spooky sind Halloween und die Kerzen.
Man nimmt eine Salbe gegen Schmerzen.

Spooky sind Gespenster und Geschichten.
Man will froh sein und doch lieber dichten.
Wer taucht diese Welt in das Nebelgrau?
Ist das der Anfang zu einem Neubau?

November und Dezember kommen noch.
Es wird noch dunkler, das Licht leuchtet noch.
Viele Geschenke sind jetzt zu kaufen.
Geschenke mit riesengroßen Schlaufen.

82 Diäten

Diäten mag ich leider gar nicht gern.
Eine Bikinifigur liegt mir fern.
Im Sommer friere ich, weil ich dünn bin,
genauso wie im Winter, was macht Sinn?

Im Winter esse ich Schokolade.
Mehr Schokolade ist hier die Frage?
Lebensmittel kommen aus fernem Land.
Sehr viel Geld rinnt durch die Finger wie Sand.

In den Rezepten sind die Zutaten,
was macht man dieses Jahr auf Oblaten?
Plätzchen und Süßes essen alle gern.
Kritik und Diskussionen liegen fern.

83 Apfelernte

In manchem Apfel ist ein kleiner Wurm,
es sind noch Äpfel am Baum ohne Sturm.
Wer hilft, an die Äpfel dranzukommen?
Ein Apfelbrecher mit Stiel hat gewonnen.

Streuobstwiesen sind gut anzusehen.
In der Not helfen sie, man wird sehen.
Am Samstag wird Apfelkuchen gebacken.
Wer ist der Meinung, das ist altbacken?

Ein Apfelkuchen mit Schmand schmeckt sehr gut,
man trinkt Kaffee dazu, die Arbeit ruht.
Apfelpfannkuchen ist auch eine Idee,
wie gerne ich alle am Tisch dann seh'.

84 Herbstblumen

Die Sonnenblumen strahlen Dich an.
Sie strahlen vom Garten bis in den Tann.
Sie leuchten munter und freuen sich.
Nicht eine, die der anderen glich.

Draußen blühen sie länger im Feld.
Sie sind ein Geschenk in dieser Welt.
Die Vögel ziehen jetzt gen Süden.
Sie picken einen Kern in Frieden.

85 Erntedank

Herzlichen Dank für die Beiträge.
Das ist gut für die Gruppenpflege.
Erntedank ist im Herbst ein Thema.
Facebook hat für Gruppen ein Schema.

Die Arbeit ist zwar ehrenamtlich.
Das Reimen ist Freizeit und zeitlich.
Mit Gedichten kann man hier danken.
Es gibt natürlich auch hier Ranken.

Die Gruppe ist noch mal gewachsen.
Follower sind hier und in Sachsen.
Bedenkt, was ihr postet im Ruhen.
Man kleidet sich auch mit Schuhen.

86 Gekochte Eier

Eier kochen ist so ein Ding mit Gefühl.
Die Eier tanzen im Wasser im Gewühl.
Wie viele Minuten sind dabei richtig?
Sind Eier für die Ernährung sehr wichtig?

Proteine sind für den Stoffwechsel gut.
Sie sind in jeder kleinen Zelle im Blut.
Wer benutzt schon Eieruhr und Maschinen?
Die Küche gehört oft den Femininen.

Sind weichgekochte Eier wirklich besser?
Was machen Veganer/-innen mit dem Messer?
Gut essen ist heute wie früher die Kunst.
Wer gut essen kann, ist beschert von der Gunst.

87 Wochenende

Freitagabend und die Woche ist 'rum.
Hausfrauen arbeiten weiter, das ist dumm.
Der Haushalt ist täglich wieder zu machen.
Er lockt plötzlich mit unbezahlten Sachen.

Ein langes Wochenende steht diesmal an.
Einkauf beim Bäcker wird schwieriger dann.
Jedes Mal das Gleiche, die Schlange ist lang.
Man steht unter Wartenden dann wie ein Zwang.

In München ist die Wies'n einen Tag länger.
Letztes Jahr waren die Maßnahmen strenger.
Viele gehen nicht hin, wegen der Preise.
Die Bayern haben da wohl eine Meise.

Daheim ist es bei manchen auch gemütlich.
Gut putzen und aufräumen ist da üblich.
Leg erst die Beine hoch, wenn es sauber ist.
Den Schweinehund kann man austricksen mit List.

88 Sonntag

Sonntag ist ein guter Tag zum Chillen.
Manche gehen raus in Garten grillen.
Am Sonntag kann man gut ausschlafen.
Andere fahren dann mal zum Flughafen.

Freunde kann man sonntags gut besuchen.
Was verloren geht, kann man mal suchen.
Manche haben abends einen Stammtisch.
Man isst mal Braten oder auch mal Fisch.

Für Montag hat man meistens was übrig.
Denn mittags isst man meistens sehr hungrig.
Wer arbeiten geht, kann was mitnehmen.
Abends ist der Tatort zu erwähnen.

Sonntagabend kommt: Wer stiehlt mir die Show?
In Werbepausen geht man mal aufs Klo.
Montagmorgen muss man dann mal gähnen.
Sechs Tage sind nun zu überstehen.

89 Teufelskralle

Was hilft bei Schmerzen im Nacken?
Teufelskralle.
Das ist ein Geheimtipp, den ich hinaus-schalle.
Die Salbe ist gut und hilft in jeder Lage.
Denn Schmerzen kommen bei Nacht und auch am
Tage.

Schmerzen im Nacken sind nicht schön, ohne
Frage.
Im Winter sind Schmerzen manchmal eine Plage.
Ein natürliches Heilmittel ist da prima.
Es verbessert das Wohlbefinden und das Klima.

Die Teufelskrallen-Pflanze wächst in Afrika.
Das wissen Hans und Klaus und auch die Monika.
Gut, dass es den globalen Handel jetzt gibt.
Denn bei Schmerzen wird man damit schnell
wieder fit.

Lasst Euch von Ärzten nichts anderes erzählen.
Damit Euch nicht innere Organe dann fehlen.
Teufelskralle ist ein Wundermittel in Not.
Sie hilft auch, wenn schon eine OP angedroht.

Operationen sind manchmal zu vermeiden.
Wer will an so vielen Krankheiten gern leiden?
Deswegen gebe ich Gutes manchmal weiter.
Mit dieser Salbe hilft man sich und ist heiter.

90 Brille wieder gefunden

Letztens bin ich günstig Zug gefahren.
Darauf warte ich schon seit Jahren.
Ich bin dafür im Urlaub gewesen.
Das habe ich mir dort angelesen.

Am Bodensee sind die Tickets sehr gut,
wenn man die Brille dabei hat und Hut.
Stunden später ist es aufgefallen.
Ein Verlust kann im Zug mal vorfallen.

Beim Zugfahren muss die Maske auf.
Im Urlaub denkt man auch an den Einkauf.
Abends will man die Brille putzen.
Denn sonst ist sie ja nicht zu benutzen.

Oh Schreck, da fehlt die Brille offenbar.
Wo ist sie wohl? Das ist jetzt sonderbar.
Am nächsten Morgen alles abgesucht.
Die Taschen noch mal genau untersucht.

Zur Stadtverwaltung, Fundbüro, angefragt.
Geschäfte und Cafés dann abgefragt.
Schließlich dann noch zur Zughaltestelle.
Da liegt sie auf einmal auf der Stelle.

Viele haben sie da liegen lassen.
Ich bin glücklich und kann es kaum fassen.
So macht Bahnfahren wieder viel Spaß.
Zur Feier des Tages kauf' ich noch was.

91 Die ganze Welt ist tricky

Die Zeitumstellung ist nun geschehen.
Es ging sehr gut im Vorübergehen.
Mitten in der Nacht passieren Sachen,
die dann im Sommer auch Freude machen.

Die Uhr kann ich Euch jetzt gut vorstellen.
Hey Freunde, das ist die Uhr im Hellen.
Hallo Uhr, Du hast auch ein Zeitgefühl,
hilf den Menschen und Freunden im Gewühl.

Jeder Tag ist ein Geschenk mit viel Leben.
Daran lasst uns friedlich weiter weben.
Mit Zuversicht und Ruhe sowie Kraft
ist sonntags ein Ruhetag, mit Freundschaft.

92 Tina Turner

Tina Turner war eine Legende.
Ihr Leben ging nun gestern zu Ende.
Tinas Stimme ist einfach grandios.
Sie verdiente damit bestimmt viel Moos.

Im Alter hat sie in der Schweiz gelebt.
War sie auf der Bühne, hat sie gebebt.
Viele können singen, wenn man sie lässt.
Doch Tina Turner war einfach "The Best".

93 Burgenfrühling

Im Mai ist in Schlitz wieder Burgenfrühling.
Eingeladen sind Profis und ein Neuling.
Schlitz ist zu jeder Jahreszeit ein Gewinn.
Eine Pflanzenbörse und mehr macht auch Sinn.

Viele werden durch den Schlosspark dann
wandeln.
Vielleicht ist an manchen Preisen zu handeln.
Hoffentlich ist das Wetter dann gut gelaunt.
Das Event wird gut, man sich heute zuraunt.

94 Schwanennachwuchs

Das Schwanen-paar sitzt hier auf Eiern.
Sie haben wohl bald was zum Feiern.
Der Teich ist groß genug für Schwäne.
Sie haben hier auch große Pläne.

Touristen kommen oft zum Schauen.
Das Nest ist manchmal neu zu bauen.
Sie schwimmen im Teich ihre Runden.
Geht nicht so nah ran mit den Hunden.

Wenn die Kleinen dann sind 'rausgeschlüpft,
sind Freundschaften mit Enten geknüpft.
Der Teich hat später auch Seerosen.
Vorsicht bitte mit den Harmlosen.

95 Das stille Örtchen

Das stille Örtchen wurde schon oft gesucht.
In Corona-Zeiten war es oft ausgebucht.
Männer und Frauen sieht man da auf dem Schild.
Wo soll man hingehen? Da hat man ein Bild.

Am besten geht es, wenn es schön sauber ist.
Wird es dann mal gefunden, froh Du bist.
An der Autobahn sind sie oft rar gesät.
Bei manchen ist es dann auch wohl mal zu spät.

Ein bisschen Kultur ist da besser als nichts.
Manchmal dauert es länger, oft geht es fix.
Wer am stillen Örtchen dann gemütlich sitzt,
schreibt dann mal ein Gedicht und ist auch
gewitzt.

96 Altersarmut

Rente – Frauen leben länger, aber wovon,
das fragt man sich hier in Deutschland nun schon.
In diesem Content tauchen viele Fragen auf,
denn Frauen haben einen bunten Lebenslauf.

Wenn man als Frau jetzt Eigentum erworben hat,
dann sind die Böden und Regeln nun mal aalglatt.
Sie setzen Dich mit Schmerzen einfach vor die
Tür.
Was können alleinerziehende Frauen dafür?

Mädchen, Frauen und Damen sind anders gepolt.
Sie haben sich aus Büchern gute Tipps geholt.
Sie haben wenig Geld und müssen überleben.
Bei vielen sieht man nicht das große Erdbeben.

97 Bonn

Bonn am Rhein ist eine feine Stadt,
die auch kluge Einwohner/-innen hat.
Beethoven lacht schon von der Ampel.
Er war ein Künstler und kein Hampel.

Am Rhein sind viele Schiffe auf Tour.
Wie finden sie alle ihre Spur?
Blitzer gibt es auch in dem Tunnel.
Da geht mal lieber zu einem Bummel.

Im Frühling sind die Kirschblüten fein.
Das sieht gut aus am Bild, sie sind klein.
Zusammen mit der Atmosphäre
gehen Touristen gern zur Fähre.

98 Mai 2023

Der Frühling ist bis jetzt noch kalt.
Die Vögel pfeifen, dass es schallt.
Störche fliegen, da steht ein Fuchs.
Das Schwanen-paar hat schon Nachwuchs.

Wann wird es endlich hier mal warm?
Die Schmerzen sind am Tennisarm.
Hoffentlich kommt bald die Sonne.
Lasst uns feiern, voller Wonne.

99 In der Agentur

In der Agentur ist es oft seltsam.
Denn hier arbeitet man sehr gehorsam.
Gesetzestexte sind zu beachten.
Wo sind die Leute, die das ausdachten?

Morgens und abends wird da gestempelt.
Dann werden die Arme hochgekrempelt.
Wer hat da einen Antrag neu gestellt?
Geld gibt es erst, wenn es passt, wie bestellt.

Anträge sind ordentlich zu schreiben.
Die Situation ist erst aufzuzeigen.
Wenn was fehlt, gibt es Wiedervorlagen.
Bei Ablehnungen gibt es Klagen.

Man hat für alles sehr viel Verständnis.
Aufzuklären ist ein Missverständnis.
Passende Angaben werden verfügt,
ob es in der Abschlussprüfung genügt?

Die E-Akte ist ein Nachschlagewerk.
Fristen sind einzuhalten via Vermerk.
Der Computer spart heute viel Papier.
Tasten bedienen sich wie ein Klavier.

Wer gut arbeitet, bekommt ein Lob.
Kleines wird groß, es gibt ein Teleskop.
Jeder Tag hat sehr viele Aufgaben.
Es gibt Einnahmen und auch Ausgaben.

Inhaltsverzeichnis

Inhaltsverzeichnis

Inhaltsverzeichnis

Inhaltsverzeichnis

Inhaltsverzeichnis

Danke an meine Eltern, Familie, Freunde/-innen und alle, die mich weiter begleiten.

Hoffe auch, dass die Gedichte anderen weiterhelfen oder zum Gedichte schreiben oder Texte schreiben inspirieren, sodass sie gut ankommen.